GRAINES DE VOYAGEURS

Ton premier guide de voyage !

Côte Atlantique

éditions graine2

Auteur (ton guide) : Laurence Ottenheimer • **Activités :** Christine Roques • **Jeux :** Conception : Mercur avec Sandra Lebrun et Célia Galais. Illustrations : Thérèse Bonté. • **Illustrateurs :** Alex et Maya : Bruno Tesse, intérieur : Frédéric Borralho et Rémi Saillard, couverture : Frédéric Borralho • **Crédits photographiques :** page 8 : © Yggdrasil • page 10 : © mwuyts, © MONIQUE POUZET, page 11 : © Gertrude Kaindl, © Bizente Aguiberry, page 12 : © tropicalis tony, © starush, © Ken Canning, page 13 : © Frédéric Prochasson, © patrick lard, © Sylvain Bouquet, page 14 : © stéphanie delage, page 17 : © Serge Tardif, page 18 : © Sylvain Bouquet, page 20 : © Gertrude Kaindl, page 21 : © pascalcointe, page 22 : © Casseb, page 24 : © Jacques PALUT, page 26 : © Arnaud JOUSSET, page 27 : © O.M., page 28 : © CHG, page 29 : © instants-sauvages.com, © cosinus, page 32 : © jean-louis bouzou, page 36 : © Sylvain Bouquet, © Alexandre75015, page 38 : © Dauf, page 42 : © monregard, page 43 : © Yuri Arcurs, page 44 : © Celso Pupo, page 45 : © Mickael IRLES, © serge simo, page 46 : © Chris Harvey, page 48 : © Serge Tardif, page 58 : © Terre de Sienne, page 59 : © Charly, page 60 : Hobbit, page 68 : © Serge Tardif - Fotolia.com • page 34 et 40 : Lagui - Stockxpert.com.

Conforme à la loi n°49 956 du 16 juillet 1949, sur les publications destinées à la jeunesse,
isbn : 978-2-917537-03-9

Fiche d'identité de ton voyage

Je m'appelle :

J'ai ans et je suis en classe de

Date de mon voyage :

Je pars avec :

Dessine ton portrait ici ou colle ta photo !

En avant pour l'aventure

➤ Trace ton itinéraire sur la carte.

➤ Je suis parti(e) en voiture / train / avion / autre (précise) :

et j'ai mis ______ heures pour arriver à destination.

Le trajet

- A quelle heure es-tu parti(e) ?
- Qu'as-tu vu pendant le trajet ?

- S'est-il passé quelque chose de spécial pendant le voyage ?

- Qu'as-tu pris dans ta valise ?

- A quelle heure es-tu arrivé(e) ?
- Qu'as-tu fait en arrivant ?

TON GUIDE

36 Découvertes

TES JEUX ET ACTIVITÉS

48

TON CARNET DE VOYAGE

68

TON GUIDE

Or et argent

Jaune d'or, le soleil et le sable des plages, qui invitent à la paresse après un bon bain dans l'écume argentée des vagues de l'Atlantique !

Rouge

Rouge violet, le jus de raisin qui sort des cuves après les vendanges, rouge sombre, le piment d'Espelette qui parfume les plats du sud-ouest, rouge vif, la ceinture des musiciens qui animent les férias, rouge brique, les toits de tuile et les frontons des terrains de pelote...

Vert

Le lézard qui se chauffe au soleil est si vert qu'on dirait cette couleur inventée rien que pour lui... Certains jours, l'océan devient vert émeraude, étincelant comme la pierre précieuse ! Plus sombre est le vert du feuillage des pins maritimes.

Noir et blanc

Le comble du chic ! Le cormoran noir, l'aigrette blanche... et tous les autres oiseaux en noir et blanc qui ajoutent une note de fantaisie à leur plumage avec un peu de jaune ou de rouge, sur le bec et les pattes. Admire la leçon d'élégance !

Multicolores

Les cerfs-volants, les planches de surf, les marchés, les couchers de soleil sur l'océan, les coques des bateaux peints aux couleurs des cabanes de pêcheurs, les coquillages, la bruyère mauve dans les sous-bois, le mimosa jaune dans les jardins... Quelle palette !

Beau temps sur l'Atlantique

Soleil vif, soleil caché par les nuages sur l'océan, coup de vent, retour du soleil… sur la côte Atlantique, les journées sont pleines de surprises et le beau temps reprend toujours le dessus !

Chaud devant !

S'il apporte la pluie juste ce qu'il faut pour que la nature soit verte, il réchauffe aussi les terres : le Gulf Stream, un courant marin chaud, né dans la mer des Caraïbes de l'autre côté de l'Atlantique, s'approche des côtes aquitaines et adoucit le climat. Certains habitants se baignent même toute l'année dans l'océan !

Sous le soleil

Le ciel aquitain est souvent aussi bleu qu'en Méditerranée. Au sud-ouest de la France, le soleil règne près de 180 jours par an : presque autant qu'en Provence ! L'été, la température est très agréable, proche de 25°C, et l'hiver est toujours doux. Mais attention ! Il pleut aussi beaucoup, particulièrement dans le pays basque. Heureusement, les pluies ne durent jamais longtemps. Quand l'averse s'arrête, place à l'arc-en-ciel !

Le vent d'autan, c'est énervant

Dans l'intérieur des terres, souffle parfois un vent sec et chaud. C'est « l'autan », dont le nom signifie « qui vient de haute mer ». Il rend, dit-on, les enfants capricieux et prêts à faire des bêtises… Les adultes aussi sont un peu nerveux, surtout quand le vent souffle plusieurs jours d'affilée !

TOUT SAVOIR SUR
le Gulf Stream !
www.grainesdevoyageurs.com

À LIRE

• **La météo,** de Vincent Jagerschmidt, aux éditions *Fleurus* : voilà un livre illustré très utile qui te permettra de comprendre comment on peut prévoir le temps qu'il fera demain !

Un climat idéal pour tous !

Chaleur, humidité… cela plait beaucoup à la tomate, au maïs, au piment et à de nombreuses plantes originaires de pays chauds. Sur l'autoroute des oiseaux migrateurs, la côte Atlantique est aussi une halte très recherchée ! Quant aux vacanciers, voilà plus de 150 ans qu'ils ont découvert les bienfaits de l'air tiède et iodé de la côte !

Connais-tu les dictons de nos ancêtres ? On dit par exemple, quand éclate le tonnerre : « C'est le bon Dieu qui roule ses tonneaux ! » ou « Quand l'hirondelle rase le sol, ne sortez pas les parasols ! »

Pour connaître la météo, tu peux te fabriquer un instrument de prévision du temps avec une simple pomme de pin à suspendre pointe en bas : les écailles se hérissent par temps sec et se rabattent quand l'air se charge d'humidité, annonçant la pluie !

Les jeux du vent et de la mer

La côte Atlantique, de Bordeaux à Biarritz, est longée de sable et de vagues fougueuses. Parfait pour la baignade et les sports de glisse !

Le golfe de Gascogne

C'est la partie de l'océan Atlantique qui borde l'Aquitaine, appelée autrefois la Gascogne : un vrai nid à tempêtes ! Si les marins redoutent sa traversée, les surfeurs, sur la plage, attendent avec impatience les hautes lames sur lesquelles ils peuvent glisser !

La côte d'argent

En 1905, un journaliste a donné au rivage des Landes le nom de « Côte d'argent ». Ce n'est pas qu'on y fait fortune ! Non, c'est simplement que sur 240 km de plages, la vague, tantôt calme et tantôt en colère, vient déposer son écume argentée au pied des dunes dorées !

Les vagues, filles du vent

Elles naissent au large, quand le vent souffle sur la mer et fait apparaître des petites rides qui peu à peu, enflent et se mettent à onduler. Leur importance ne dépend plus que de la vitesse du vent ! Tu vois des moutons blancs sur leurs crêtes ? C'est signe de tempête !

Les rouleaux de l'océan

En s'approchant du rivage, les vagues sont freinées. Ne pouvant plus continuer sur leur lancée, elles se dressent puis se brisent et déferlent... avant de repartir vers le large dans un remous d'écume. Attention, ce mouvement de ressac (vers le large) peut t'entraîner facilement au loin !

Dans les Landes, la houle crée des courants dangereux. Un conseil : reste dans les zones où les maîtres nageurs veillent sur ta sécurité !

Le roi des phares

Voilà 400 ans que le phare de Cordouan éclaire l'entrée du golfe de Gascogne pour guider les navires : si tu gravis les 311 marches qui mènent à sa lanterne, tu découvriras une vue époustouflante ! Tu peux le visiter, après une petite traversée en bateau à marée haute…

Meunier, tu dors…

Aujourd'hui, ce sont les éoliennes qui tournent avec le vent pour produire de l'énergie ! Mais ces grandes dames blanches ont un ancêtre : le moulin à vent. Ses ailes, entraînées par le vent, transmettent sa force aux mécanismes qui permettent de broyer le blé et faire la farine.

À VOIR

- **Le phare de Cordouan**
  Office du tourisme de Vensac
  Tél. : 05 56 09 61 78.
- **Le Moulin à farine de Vensac**
  (près de Soulac).
  Tél. : 05 56 09 45 00.

Des pins à perte de vue

Mais d'où vient cette odeur de résine qui chatouille les narines ? C'est celle des pins ! L'été, en te promenant dans la vaste forêt landaise, tu entendras le chant des criquets et le crissement des aiguilles de pins sous tes pas…

Une forêt bâtie par l'homme

Les Landes ont changé plusieurs fois de paysage. Au début, ce n'était qu'une sorte de Sahara ! Puis les rivières et les pluies ont emporté le sable et formé des marécages. Les habitants ont asséché la terre mais le sable a vite envahi les pâturages. Ne s'avouant pas vaincus, les hommes ont planté des milliers de pins pour lutter contre ce sable envahissant.
Aujourd'hui, la forêt s'étend sur 14 000 km^2. C'est la plus grande forêt artificielle d'Europe.

Malin, le berger des Landes !

Sur ses échasses, il pouvait voir venir de loin, le loup ou un incendie, et surveiller son troupeau sans se mouiller les pieds ! Ces jambes de bois lui permettaient de faire des pas de géant, mais pour rester en équilibre au repos, il lui fallait un troisième appui : un long bâton. Juché sur son trépied, il tricotait la laine de ses moutons.

INCROYABLE ! En 1891, Donon, un boulanger à Arcachon, fit le voyage Paris-Moscou sur échasses. Devine en combien de jours il réalisa cet exploit ?

En 58 jours.

Chenilles urticantes

As-tu vu ces boules blanches accrochées aux branches des pins ? Hélas ce ne sont pas des décorations de Noël ! Ce sont des nids de chenilles processionnaires, ainsi nommées parce qu'une fois devenues adultes, elles descendent de leur perchoir à la queue leu leu et vont s'enterrer dans la terre pour se métamorphoser en papillons. Un vrai fléau pour les pins dont elles mangent les aiguilles ! Il ne faut surtout pas les toucher : elles provoquent des démangeaisons redoutables !

À FAIRE

- **Une promenade dans la réserve naturelle de l'Etang noir,** où tu pourras observer une faune et une flore d'une grande diversité. Seignosse - Tél. : 05 58 08 31 22.

À VOIR

- **L'écomusée de la Grande Lande**, près de Marquèze - Tél. : 05 58 08 31 22.
- **Le musée Graine de forêt**, qui parle de la forêt d'aujourd'hui et de la sylviculture. Garein - Tél. : 05 58 08 31 31.
- **Un spectacle d'échassier** et un atelier pour s'y initier. Lous Tchancayres (« Les Echassiers » en patois landais). Mont de Marsan - Tél. : 05 58 46 04 95. http://lous.tchancayres.free.fr

LE SAIS-TU ?

Autrefois, les gens du pays disaient : « qui a pin a pain ». Ils revendaient la résine des arbres, qui servait à fabriquer mille et un produits : bougies, cirages, peintures, vernis à ongles, parfums, savons, colles… et chewing-gums ! Pour la récolter, il suffit d'enlever l'écorce d'une partie du tronc et d'entailler un peu le bois pour que s'écoulent des gouttes de résine…

Des raisins bien élevés

Château Lafite, Château Margaux, Château Latour, Château d'Yquem… au sud de Bordeaux, les villages et les châteaux ont donné leurs noms aux vignobles qui les entourent et à des vins réputés dans le monde entier !

Terroirs et cépages

Entre la Gironde et la Dordogne, le sol et le climat créent des conditions idéales pour la culture de la vigne. Pour qu'elle donne les meilleurs vins, les hommes ont sélectionné les meilleures variétés (appelées cépages), celles qui donnent les plus belles grappes. La règle est de planter les ceps en les espaçant de 1 m. Pour la hauteur : 1,50 m maximum. Il faut donc tailler sans cesse !

Des Gaulois aux oenologues

C'est au 1er siècle que les Gaulois plantent les premiers ceps de vigne sur les bords de la Garonne. Bientôt, toute la Gaule déguste le vin de la région. Au Moyen-Âge, ce sont les moines qui cultivent la vigne et font le vin. Le commerce est florissant jusqu'au jour où, en 1885, le phylloxera (un minuscule puceron) détruit presque la totalité des vignes de France. Il faut alors replanter de nouveaux pieds, capables de résister à l'insecte dévoreur.

Les rosiers au bout des rangées de vignes préviennent de l'arrivée des pucerons : ce sont eux qui seront attaqués en premier !

TOUT SAVOIR SUR la fabrication du vin !
www.grainesdevoyageurs.com

Au 20e siècle, une nouvelle science apparaît : l'œnologie. Son but est d'améliorer les techniques de fabrication et de conservation du vin pour le rendre encore meilleur.

Du jus de raisin au vin

Une fois récoltés, les grains sont écrasés dans un fouloir. Cela peut être fait par une machine mais aussi parfois avec les pieds ! On rentre pieds nus dans une grande barrique et on écrase les raisins avec ses jambes. La peau éclate, libère le jus qu'on appelle du « moût ». Ce moût fermente ensuite dans des cuves. On y ajoute des levures (de microscopiques champignons). C'est un vrai bouillonnement, digne des recettes des alchimistes et sorciers de la nature ! Et le vin se fabrique lentement, naturellement.

Du tonneau à la bouteille

Avant d'être bu, le vin doit encore rester dans des tonneaux, généralement faits en bois de chêne dont il prendra le parfum. Le maître de chai goûte le vin régulièrement pour décider du moment où il le mettra en bouteilles… parfois, au bout de plusieurs années !

Un beau palmarès !

L'Aquitaine est la première région viticole française avec 12 000 « châteaux » et 850 millions de bouteilles produites chaque année !

À VOIR

• **A Saint-Emilion**, tu découvriras une ravissante cité médiévale entourée de remparts et de vignobles : ces lieux sont classés au patrimoine mondial de l'UNESCO !
Office du Tourisme - Saint-Emilion
Tél. : 05 57 55 28 28.

• C'est **la fête du vin** à Bordeaux, fin juin, début juillet, chaque année paire. Pendant 4 jours et 4 nuits, on célèbre Bacchus, le dieu du vin, par des concerts, des feux d'artifice, des spectacles et bien sûr, des dégustations !
Office de Tourisme de Bordeaux
Tél. : 05 56 00 66 00.
www.bordeaux-fete-le-vin.com

Bacchus, le dieu du vin

Noir, vert, rouge... Attention danger !

Incendies de forêts, déchets polluants... la région a connu récemment des catastrophes qui on fait la une des journaux. Si tu mettais à profit tes vacances pour enquêter sur les menaces qui pèsent sur la nature ?

Marées noires

En 2002, un bateau transportant du pétrole, le Prestige, coulait près des côtes espagnoles. Il a causé l'une des plus grandes marées noires des trente dernières années. Marée « noire », comme le pétrole qui est dispersé en nappes visqueuses, qui s'échouent sur le rivage en boulettes et en galettes. Les tempêtes, le nombre important de bateaux circulant près des côtes, ainsi que le mauvais état de certaines embarcations expliquent ces catastrophes qui causent de nombreux dommages. Les oiseaux et les poissons s'engluent et s'étouffent dans les hydrocarbures, et la flore est détruite.

Marées vertes

Dans les lagunes et les endroits où l'eau est peu brassée, des algues vertes, appelées « laitues de mer » se déposent, et prolifèrent parfois ; en pourrissant, elles dégagent une odeur si nauséabonde qu'il faut les retirer. Leur développement épisodique serait dû à la pollution des rivières, à cause des engrais utilisés pour les cultures ou des matières rejetées par des stations d'épuration.

Feux de forêt

Dans les Landes où la végétation est plutôt sèche en été, les attaques du feu peuvent détruire en quelques jours des milliers d'hectares de forêt ! Des sapeurs pompiers spécialisés veillent en permanence mais comme il vaut mieux prévenir que guérir, on débroussaille les sous-bois, on multiplie les points d'eau et les allées pare-feu au sol débroussaillé, qui permettent de freiner la propagation des flammes.

L'algue qui parasite les coquillages

Il arrive que la vente d'huîtres ou de moules soit interdite provisoirement. C'est la faute au dinophysis. Si cette micro-algue ne rend pas les huîtres malades, elle peut provoquer des troubles digestifs pour ceux qui les mangent !

On prévoit qu'au cours du 21e siècle, le niveau général des océans monte de 1,60 m, provoquant peu à peu le recul des côtes. Les dunes reculent, sous l'assaut des vagues, mais finissent par se reformer un peu plus loin pour assurer une nouvelle défense... ouf !

À LIRE

- **Le petit livre vert pour la Terre**, pour tout savoir sur les bons gestes pour la planète. A télécharger sur www.fondation-nicolas-hulot.org.

À VOIR

- **Le site www.conservatoire-du-littoral.fr** te permettra de découvrir la faune et la flore de la côte Atlantique et les actions pour leur protection.

Le long des dunes

Avec ses 240 km de dunes et de plages, la côte Atlantique est un interminable cordon de sable. Si les jours de tempête ses milliers de grains picotent tes jambes nues... tout change dès que le vent cesse : place à la paresse sur le sable chaud, ou aux jeux d'eau !

Grain par grain

Il y a environ 80 000 ans, il n'y avait ni dunes ni plages sur la côte Atlantique ! Mais après la fin de l'âge glaciaire, tout change : le climat se réchauffe, le niveau de la mer s'élève, les vagues et les courants transportent et déposent les débris de roches qui s'étaient accumulés au fil des millénaires sur le littoral. Les amas ont grossi jusqu'à former un long cordon de sable, presque continu.

Dunes mobiles

La mer apporte le sable et le vent marin entre en action ! Il pousse le sable qui s'accumule en dunes, puis il pousse les dunes qui rampent vers l'intérieur des terres. Elles ont déjà englouti des maisons et certaines églises construites trop près du rivage.

Dunes fixes

Les dunes protègent l'arrière-pays des inondations dues aux tempêtes. Des plantes comme l'oyat, aux longues tiges jaune-vert, piègent le sable dans leurs longues racines et stabilisent la dune. Partout, le long du littoral, on plante aussi des palissades pour fixer les collines de sable.

La dune du Pilat

Dans le bassin d'Arcachon, cette dune atteint un record européen... 3 km de long et 114 m de hauteur !
Pour l'escalader, tu devras gravir un escalier de 154 marches. Là haut, tu seras comme en plein désert, face à la mer.

TOUT SAVOIR SUR
le sable !
www.grainesdevoyageurs.com

La vie dans le sable

Le sable ne garde pas l'eau de pluie, mais il retient le sel apporté par les embruns... Malgré tout, des plantes réussissent à pousser dans les dunes ! Le liseron, le chardon et l'immortelle notamment. Elles attirent des insectes et des escargots qui font le régal des oiseaux !

À FAIRE

- **La dune du Pilat.** La plus haute dune d'Europe. Office du tourisme de La-Teste-de-Buch Tél. : 05 56 54 63 14. www.arcachon-guide.fr
- Participe à un **concours de châteaux de sable** sur une des nombreuses plages qui bordent le littoral aquitain.

À LIRE

- Pour réussir tes châteaux de sable « **Châteaux, pâtés et Cie** », de Marie-Anne Voituriez et Irène Lassus, aux éditions *Dessain et Tolra.*

Pour protéger les dunes du piétinement et des vélos, l'accès à la plage est limité à quelques passages signalés. Alors, ne passe pas à côté !

Sur les plages aux coquillages

Sur la côte Atlantique, il existe 300 espèces différentes de coquillages. Si tu te promènes sur la plage, tu en verras sûrement par centaines. C'est la mer qui les rejette sur le rivage lorsqu'ils sont vides.

Un couteau dans le sable

A marée basse, le couteau s'enfonce à la verticale dans le sable mouillé : si tu vois un trou en forme de huit, c'est lui ! Dépose une pincée de sel dans le trou, il ne tardera pas à pointer son nez, croyant au retour de la marée haute !

Voraces, les mollusques !

Protégé par sa coquille, le mollusque s'enfouit dans le sable à marée basse ou broute quelques algues dans les petites piscines aux creux des rochers... Enroulé comme un cornet, « l'oublie » se nourrit de petits crustacés dont il broie la coquille avec son estomac ! Le « cormaillot », lui, est le grand ennemi des ostréiculteurs. Il râpe la coquille des huîtres avec sa langue dure et rugueuse ; après quatre heures d'efforts, il peut introduire sa trompe pour commencer son festin !

J'y suis, j'y reste !

A l'âge adulte, la moule se fixe sur un rocher ou un piquet d'élevage appelé bouchot et n'en part plus jamais ! Pour se nourrir, elle filtre l'eau entre ses coques et mange le plancton fait de minuscules organismes présents dans l'eau. Pour se reproduire, elle compte sur les courants marins pour se faire livrer à domicile son ou sa fiancé(e) !

TOUT SAVOIR SUR
l'ostréiculture !
www.grainesdevoyageurs.com

Si tu vas à la pêche aux moules… ou autres coquillages, renseigne-toi sur les réglementations locales : taille minimum, périodes autorisées.

Dans les rochers, replace chaque pierre soulevée comme tu l'as trouvée : une pierre non replacée met 4 ans à se repeupler ! Consulte aussi l'horaire des marées pour ne pas te laisser prendre par les eaux montantes.

L'ostréiculture

Les Romains raffolaient des huîtres sauvages. Ce n'est qu'à partir du 19e siècle que les hommes mirent au point l'élevage d'huîtres, appelé ostréiculture. Au début de l'été, les larves (bébés huîtres) sont déposées sur des tuiles sur lesquelles elles se fixent et grossissent. A 8 mois, elles sont séparées des tuiles pour continuer leur croissance dans des sacs grillagés qui les protègent des prédateurs (crabes, étoiles de mer). Les sacs sont déposés sur des tables métalliques que la mer découvre à marée basse. L'ostréiculteur retourne ensuite régulièrement les sacs, puis il trie les huîtres selon leur grosseur pour les placer dans des bourriches (des paniers) pour la mise en vente.

À FAIRE

- **La route de l'huître**, Port ostréicole - Andernos-les-bains
Tél. : 05 56 82 02 95.

À LIRE

- **Coquilles et carapaces, Les Yeux de la Découverte**, *Gallimard jeunesse* : Un album avec de magnifiques photos pour apprendre comment vivent ces animaux, à l'abri de leurs armures !

Il paraît qu'on entend la mer dans les coquillages… mais moi je n'entends rien de rien !

Un couteau

À tire d'aile

Es-tu de ceux qui rêvent de voler comme un oiseau ? Alors lève les yeux ! Sédentaires ou migrateurs, ils peuplent les rivages et les lagunes… pour la plus grande joie des ornithologues en herbe. Jumelles indispensables !

La voie des migrateurs

L'Aquitaine est le grand axe des migrations Nord-Sud : à l'automne et au printemps, des milliers d'oiseaux survolent la région pour rejoindre ou quitter l'Afrique où ils passent l'hiver. Le long du littoral, passereaux et échassiers font des haltes : étangs et bancs de sable sont des stations-service idéales pour se nourrir et se reposer !

Refuges des oiseaux

L'estuaire de la Gironde, les étangs le long du littoral, le bassin d'Arcachon… ces lieux aquatiques, abrités, riches en poissons, insectes et mollusques, attirent de nombreuses espèces : comme les ornithologues, on peut repérer le gorge-bleue à miroir blanc, le tadorne de belon, le busard et le milan noir, le héron pourpré et la cigogne blanche, la grande aigrette, la spatule blanche, le pluvier argenté ou l'avocette élégante…

Le cormoran noir, un champion !

Baptisé aussi « corbeau des mers », il est redouté par les pêcheurs. En 30 secondes, il est capable de plonger à 10 m de profondeur, d'attraper le poisson repéré du ciel, et de ressortir de l'eau en secouant ses ailes. Le secret de ses prouesses ? Son plumage extérieur n'est pas imperméable comme chez la plupart des oiseaux aquatiques. Du coup, il y a moins d'air sous ses plumes, et cela le rend plus agile et rapide !

Le sterne caugek

Gros comme une mouette, haut sur pattes, au plumage argenté, avec un long bec et une calotte noire sur la tête… Il vit en colonie sur les dunes et les plages, se chamaille en poussant des cris reconnaissables de loin. « Kirrèk ! Kirrèk ! » … Dans le bassin d'Arcachon se trouve la plus importante colonie d'Europe.

Un sterne caugek

Un busard

L'huitrier pie

Noir et blanc au bec rouge, ce petit échassier aime les étendues vaseuses et les estuaires. Avec son long bec, c'est un expert pour ouvrir les moules, les coques ou les huîtres : il écarte les deux valves des coquilles puis coupe le muscle qui les relie. Et il n'a plus qu'à se régaler !

À VOIR

- **Le Parc ornithologique du Teich :** en bordure du bassin d'Arcachon, on y compte 260 espèces d'oiseaux sauvages. Tél. : 05 56 22 80 93. www.parc-ornithologique-du-teich.com

À LIRE

- **Les oiseaux,** *Édition Gründ.* L'encyclopédie pour toutes les graines d'ornithologues.

Un petit paradis très convoité

Il y a très longtemps, des peuples venus tantôt du sud, tantôt du nord, ont trouvé dans le sud-ouest un petit paradis ! Mais avant que ces douces terres ne fassent partie du royaume de France, il a fallu des siècles de luttes !

Les premiers venus

Les hommes de Cro-Magnon nous ont laissé de magnifiques peintures sur les parois de leurs grottes. Pour les archéologues, elles représentent tantôt leurs chasses au mammouth, tantôt les figures des constellations dans le ciel.

Halte là !

Comme les vagues de l'Atlantique, les invasions vont et viennent… Les Celtes fondent 3 siècles avant Jésus-Christ un port à l'emplacement actuel de Bordeaux ; puis les légions romaines de César bâtissent des routes et plantent les premières vignes. Au 5e siècle, les Wisigoths (un peuple barbare venu du nord de l'Europe) envahissent la région et plus tard, c'est le tour des Sarrasins (une tribu arabe). A chaque fois, les armées des Francs, avec à leur tête Charles Martel puis son petit-fils Charlemagne parviennent à repousser ces envahisseurs.

En 848, la menace vient cette fois-ci du nord avec l'arrivée des Normands qui pillent Bordeaux !

À VOIR

- **La citadelle Vauban de Blaye** et son « Jeu de l'Oie en citadelle », un jeu de piste où tu suivras Jehan, un petit garçon du Moyen-Âge qui t'entraînera dans toute la citadelle. Tél. : 05 57 42 12 09. www.tourisme-blaye.com.
- **La Grotte de Pair-non-Pair**, à Prignac-et-Marcamps. Les peintures représentent des animaux datant de 33 000 ans à 26 000 ans avant Jésus-Christ. Tél. : 05 57 68 33 40.

L'Aquitaine aux Anglais ?

Aliénor, héritière des terres d'Aquitaine, divorce du roi de France Louis VII et se remarie en 1152 avec Henri II Plantagenêt, héritier de l'Angleterre. Pour Louis VII, c'en est trop : pas question de laisser cette région aux mains des Anglais ! La lutte est ouverte... En 1453, à l'issue d'une longue guerre, le royaume de France reconquiert l'Aquitaine, bien décidé à ne plus la perdre !

La paix retrouvée

Au 18e siècle, la région est apaisée. Elle développe le commerce avec l'étranger. On exporte les produits de la région, et on importe du café, du chocolat, du coton... Bordeaux devient une ville importante. Au 19e, l'arrivée du train sur la Côte rend cette destination à la mode. Les premiers touristes découvrent les bains de mer, en « costume de bain » bien haut fermé et descendant jusqu'aux genoux. On construit de nombreux hôtels luxueux, casinos et thermes (établissements de bains alimentés par de l'eau de source ou de mer). On y croise l'empereur Napoléon III et l'impératrice Eugénie ou encore, plus tard, « Charlot » Charlie Chaplin !

LE SAIS-TU ?

Au temps de Louis XIV, les Anglais surnommaient le golfe de Gascogne « le nid de vipères » ! Ils redoutaient les corsaires de la côte qui pourchassaient les bateaux ennemis et les rançonnaient avec l'autorisation du roi !

Sur les chemins de Saint-Jacques

As-tu remarqué les sculptures de coquilles Saint-Jacques sur certaines églises ? C'est la marque du passage des pèlerins, en route vers la ville espagnole de Saint-Jacques de Compostelle.

Le pèlerinage

Depuis le Moyen-Âge, des Chrétiens de toute l'Europe marchent vers Saint-Jacques. Par tous les temps, les marcheurs se rejoignent sur les routes d'Aquitaine avant de franchir les Pyrénées pour aller prier sur le tombeau de Saint-Jacques, un disciple de Jésus-Christ. Autrefois, on les appelait les jacquets. Vêtus d'un manteau appelé pèlerine, ils portaient sur leur chapeau un signe de reconnaissance : une coquille Saint-Jacques !

En chemin

« Ma calebasse (gourde) est ma compagne, mon bourdon (canne), mon compagnon, l'hôpital, c'est ma maison ».

DICTON

« Pluie du matin ne décourage pas le pèlerin et réjouit le batracien » disent les marcheurs sur le chemin de Compostelle.

C'est la chanson du pèlerin. Autrefois, s'il ne voulait pas dormir à la belle étoile, c'était à l'hôpital qu'il trouvait refuge, car alors les hôtels n'existaient pas !

Au fil des ans, les pèlerins se transmettaient les bonnes adresses où dormir et se restaurer pendant leur voyage… C'est ainsi qu'un moine eut l'idée d'écrire au Moyen-Âge l'un des premiers guides pour voyageurs, en quelque sorte l'ancêtre des guides touristiques !

Marcher ensemble

Saint-Jacques de Compostelle est le troisième lieu sacré des Chrétiens, après Rome et Jérusalem. Les chemins de Saint-Jacques sont devenus des sentiers de grandes randonnées. Mais comme au Moyen-Âge, les marcheurs se désaltèrent aux mêmes fontaines. Qu'ils croient en Dieu ou non, ils sont tous d'accord : marcher ensemble, c'est une belle aventure !

À VOIR

- **L'église de Mimizan** et les églises romanes (du début du Moyen-Âge) du chemin, où les pèlerins faisaient une halte, reconnaissables par leurs sculptures de coquilles Saint-Jacques. Office du Tourisme de Mimizan. Tél. : 05 58 09 11 20.

À LIRE

- **Les pèlerins maudits,** de Evelyne Brisou-Pellen, aux éditions *Gallimard jeunesse*.

En Gascogne, on raconte...

Tu y crois, toi, aux fées, aux fantômes, aux créatures fantastiques, aux interventions magiques ? Écoute un peu...

Les fées des dunes

Elles vivent dans leur palais souterrain, mais parfois remontent à la surface : une nuit, un berger des Landes qui gardait son troupeau au sommet d'une dune les entendit rire et fut invité à venir chez elles : la dune s'ouvrit et se referma derrière lui. Les fées aux couronnes tressées de bruyère et d'ajoncs lui donnèrent un repas délicieux et un lit douillet. A son réveil, la dune se rouvrit et il retrouva ses moutons, plus beaux que jamais. Comme il disparaissait ainsi de plus en plus souvent, d'autres bergers l'épièrent : au clair de lune, ils le virent s'engouffrer dans la dune. Depuis, les fées n'ont plus jamais ouvert leur passage secret !

Les Dracs

Pendant le jour, ils se cachent dans les écuries et la nuit, ils tissent les crins des chevaux pour en faire des fouets qu'ils accrochent à la porte. Nul ne doit toucher au fouet d'un Drac, sinon, c'est le bazar dans l'écurie : les chevaux se mettent à hennir et à sauter. C'est la nuit, aussi, que les Dracs font leur lessive dans les mares. Gare à qui les

La chambre d'amour

A Anglet, une grotte à flanc de falaise aurait abrité les amours de Laorens, un jeune et pauvre orphelin, et Saubade, fille d'un riche paysan. Ils s'aimaient en cachette du père de Saubade, et se retrouvaient dans la grotte. Un jour, une tempête s'est levée et l'eau a envahi la grotte... Les amoureux ont péri noyés. Tu peux visiter la grotte, mais regarde les horaires des marées avant de t'y aventurer !

surprend : ces petits esprits sont capables de couvrir de vase le gêneur, de la tête aux pieds !

Les sirènes

Elles vivent dans la mer, mais aussi dans les fleuves comme la Garonne. La nuit, ces belles jeunes filles aux longs cheveux fins comme de la soie et au corps de poisson nagent en groupe autour des bateaux et des barques. Elles chantent des chansons si belles que bien des marins sont tentés de plonger pour les rejoindre. Les capitaines avisés empoignent leur barre pour résister, mais ils ne peuvent avoir l'œil sur tout leur équipage... Si un marin tombe à l'eau, les sirènes l'emportent dans leur royaume... et il devient sirène à son tour !

À LIRE

- **Contes et légendes des Landes, de la Mer et du Vent**, de Charles Daney, aux éditions *Loubatières* : le conteur est un grand-père qui raconte l'histoire du sabotier, du berger, de la petite fille de la lande et de tous les êtres de légendes qui vivent dans les paysages de cette région.

Le bassin d'Arcachon

Du haut du phare du Cap-Ferret, tu auras une vue panoramique sur cette mer intérieure de plus de 150 km^2 ! Tu verras l'océan, les passes, le banc d'Arguin, les îles, les villages et les petits ports ostréicoles, les pinèdes derrière les dunes... et à chaque marée, un nouveau décor !

Excès de vitesse dans les passes !

A chaque marée, le bassin, telle une gigantesque baignoire, se remplit ou se vide de plus de 370 millions de mètres cubes d'eau ! Pour entrer ou sortir, l'eau doit se frayer un chemin par deux grandes passes entre les bancs de sable. Ces couloirs peuvent être dangereux : le courant y est fort et entraîne tout à la vitesse moyenne de 2 mètres par seconde !

Les pinasses

Ce sont les bateaux du bassin. On dit que ces barques sont les filles de l'Océan et les enfants de l'Arbre. S'il n'y en a pas deux pareilles, elles sont toutes en bois de pin des Landes, peintes aux couleurs de la maison du propriétaire ; certaines ont des voiles, d'autres ont adopté le moteur. Avec leur fond plat, elles peuvent naviguer partout entre les bancs de sable.

Pinasse du bassin d'Arcachon

L'île aux Oiseaux

Sur cette île presque entièrement recouverte d'eau à marée haute, les oiseaux sont rois ! Mais il y a aussi quelques échassiers bizarres à l'horizon : ce sont des cabanes « tchanquées ». Ces anciennes cabanes de gardiens de parcs à huîtres sont montées sur pilotis

TOUT SAVOIR SUR
l'île aux oiseaux !
www.grainesdevoyageurs.com

de plusieurs mètres de haut. Leur nom dérive du mot « tchanque » qui signifie « échasse » en gascon. Tout autour, une ceinture de parcs à huîtres rend cette île difficile d'accès !

Le banc d'Arguin

On dirait le dos d'un dinosaure de sable ! Il barre l'entrée du bassin et sert de refuge à de nombreuses espèces d'oiseaux migrateurs. Les sternes caugeks, sortes d'hirondelles des mers, s'y donnent rendez-vous pour former la plus grande colonie d'Europe de leur espèce.

LE SAIS-TU ?

Chaque été, des régates et des fêtes célèbrent la mer et les voiliers du bassin. Pour connaître les dates, rendez-vous sur www.grainesdevoyageurs.com !

À FAIRE

- **Les bateliers d'Arcachon** n'attendent plus que toi pour lever l'ancre ! Traversée du bassin, tour de l'île aux Oiseaux, pique-nique sur le banc d'Arguin… à toi de choisir ! Tél. : 0825 163 316. www.bateliers-arcachon.asso.fr.
- **Dans le delta de Leyre**, tu apercevras sans doute la loutre ou la tortue cistude et de nombreux oiseaux, au cours d'une promenade en canoë, le soir au crépuscule. Maison de la Nature - Le Teich Tél. : 05 56 22 80 93.

Les courses landaises

C'est la fête ! La musique des bandas résonne dans l'arène, les hommes défilent, pantalon blanc et boléro de couleur... Les vaches landaises surgissent à vive allure, le spectacle commence !

Vaches de vedettes !

Dans les courses landaises, pas de mise à mort, ni de taureau, seulement des vachettes, nerveuses, musclées et rapides à comprendre les règles du jeu ! Les plus malignes ont des tampons au bout des cornes. Leur carrière commence à 3 ans et après une dizaine de courses, elles retournent dans leur ganaderia (leur élevage) pour se reposer de leurs exploits !

Ecarteurs et sauteurs

Dans la cuadrilla (l'équipe), chacun joue son rôle. Les écarteurs appellent la vache et la laissent passer en pivotant légèrement au moment où elle fonce sur eux pour leur donner un coup de tête. Pour éviter la vache lancée en pleine course, les sauteurs ont le choix entre plusieurs figures : saut périlleux vrillé, saut de l'ange, saut pieds joints... ou le plus difficile qui consiste à s'élever sans élan à 1,40 m, avec les pieds dans un béret et les jambes liées par une cravate !

L'entraîneur

Son rôle est de placer la vache en direction de l'écarteur ou du sauteur. Il est aidé par son second qui détourne l'attention de la vache une fois l'écart ou le saut effectué. Pour tenir ce rôle, mieux vaut savoir courir vite… pour gagner l'un des refuges aménagés au bord de l'arène !

Le jury

Il consacre les écarteurs et les sauteurs qui obtiennent les meilleurs scores attribués selon la difficulté des figures.

L'encierro

C'est le premier de tous les spectacles de tauromachie inventés par l'homme : les vaches sont lâchées dans la rue et les hommes courent à côté d'elles jusqu'à les toucher sans se faire prendre. Dans les rues, c'est la fête, la « feria » ! A Bayonne, durant 5 jours, tout le monde s'habille de rouge et de blanc pour l'occasion.

La corrida, où le taureau risque la mise à mort, est pratiquée en Espagne, au Portugal, dans le Midi de la France et certains pays d'Amérique latine. Elle déclenche des passions opposées, les « Olé » admiratifs de ceux qui sont pour, et les reproches de ceux qui sont contre. Et toi, qu'en penses-tu ?

À VOIR

- **Les courses landaises** A Dax, Mont-de-Marsan, St-Sever, Pomarez, Bayonne… Renseigne-toi sur le calendrier des courses. Il y en a 450 par an ! www.courselandaise.org
- **A Nérac, Jean Barrière, un ancien écarteur** te fera visiter son élevage de vachettes et partager sa passion en te racontant de nombreuses anecdotes. Ganaderia de Buros - Nérac Tél. : 05 58 44 36 57. Sur rendez-vous.

Un festival de traditions

Ici, on parle avec l'accent, avec des expressions bien du coin, on danse, on chante beaucoup… on aime la fête !

Chants basques

Au pays basque, depuis toujours, on chante l'amour, le travail, le jeu… ou la liberté, comme dans cette chanson :

Si je lui avais coupé les ailes
Elle aurait été mienne
Elle ne se serait pas enfuie
Mais alors, elle n'aurait plus été un oiseau
Et moi, c'est l'oiseau que j'aimais.

Parles-tu bordeluche ?

Les digues (les doigts), le bigorneau (le téléphone), une mornifle (une gifle), un daron (le patron), une bernique (une femme maniaque du ménage), arpaguer (marcher à grands pas), chacailler (chercher des histoires)… Ces mots ou expressions appartiennent au bordeluche, le vieux patois ou l'argot de la région de Bordeaux, mais ils ont fait aussi le tour de France et tout le monde s'en est

Les bandas

Vive la fête ! Dans le Sud-Ouest, de nombreux orchestres partent en fanfare dans les rues. A chaque fête, les bandoleros, habillés de couleurs vives, jouent des airs à la trompette ou au saxo, des musiques populaires et gaies, pour que tout le monde participe aux réjouissances !

emparé. Quand tu dis : « Tu fais le mariole ? », ou « t'as les chocottes ? », tu parles le bordeluche !

Comment dit-on en euskara ?

Pour dire ces mots, prononce bien chaque lettre : Bonjour : *égoun onn* ; Merci : *mileshkerr* ; Au revoir : *ikoush arté.*

Voilà, tu parles l'euskara (prononcer é-ous-ka-ra), la langue des basques ! Si l'origine de cette langue est lointaine et mystérieuse, elle est parlée dans le monde... depuis que de nombreux basques ont émigré loin de chez eux ! Dans les chants basques, tu retrouveras les sonorités chaudes de l'euskara.

Le langage des costumes

Jadis, les costumes permettaient de savoir à qui on avait affaire ! Par exemple, les femmes de Bayonne portaient une coiffe en forme de corne, pointe en haut et pointe en bas si elles étaient veuves !

Jamais sans mon béret !

Les bergers basques ont constaté que la laine tricotée de leurs bonnets se feutrait (se rétrécissait) sous la pluie et devenait plus imperméable. C'est ainsi qu'est né le béret basque, porté aussi bien par les montagnards que les marins !

En toile et semelle de corde, l'espadrille était jadis la chaussure du pauvre au pays basque. Elle valait trois sous mais s'usait vite sur les chemins caillouteux ! Souple et légère, elle est aujourd'hui à la mode, pour les vacanciers, le temps de l'été !

Elegants, les basques

Les basques ont fière allure quand ils dansent en costume traditionnel : chemise blanche, gilet noir, large ceinture, bas de laine blancs et souliers plats lacés.

À FAIRE

- A Capbreton, on aime les histoires ! Lors du **festival du conte,** en août, il y en a autant pour les enfants que pour les adultes. Tel. : 05 58 06 86 86.

À VOIR

- Découvre les costumes, la musique, la danse et les sports basques au **Musée Basque de Bayonne** - Tél. : 05 59 46 61 90.

À LIRE

- **Fêtes et traditions du Pays Basque,** d'Olivier De Marliave, aux éditions *Sud-Ouest.*

Les délices du Sud-ouest

En vacances, réveille tes papilles et deviens un vrai gastronome basque !

Les produits de la montagne

Des montagnes et forêts de l'arrière-pays basque, proviennent les fromages de brebis, l'agneau, mais aussi le porc : sa cuisse frottée au sel, séchée, fait le fameux jambon de Bayonne. Au 16e siècle, l'écrivain Rabelais, aussi gourmand que son géant Gargantua, en raffolait déjà !

Chaud piquant, le piment !

De nombreux plats basques ont un petit goût épicé grâce au piment d'Espelette. Le fruit rouge sèche au soleil avant d'être broyé en poudre.

Les produits de la mer

Au pays basque, les thons et les anchois ne partent pas tous vers les conserveries ! Rouge ou blanc, le thon frais du marché fait un bon ragoût appelé la marmitako. Merlu, moules et langoustines se retrouvent, eux, dans le Ttoro, une bonne soupe de poissons !

Il risque d'enflammer ta bouche si la dose est un peu forte ! Une pincée suffit à faire chanter les plats comme la pipérade qui accompagne les œufs brouillés. A Bayonne, on en met même dans le chocolat chaud !

je veux un mouchou !

Ce petit macaron est si exquis qu'on l'a baptisé « mouchou », c'est-à-dire « baiser » en basque ! C'est à Saint-Jean-de-Luz que le roi Louis XIV les aurait découverts. Il les trouva si bons que la mode des macarons fut lancée à Versailles !

Du côté de Bordeaux

Les pibales, quel régal ! Ces anguilles dorées à la poêle, croquent sous la dent et mettent en appétit pour une entrecôte bordelaise (accompagnée d'une sauce au vin). Et côté dessert, les canelés et les bouchons, biscuits fourrés de pâte d'amande, régaleront tes papilles.

QUIZZ !

Trouve les quatre spécialités qui sont du sud-ouest : foie gras, magret de canard, tartiflette, cassoulet, poule au pot, bouillabaisse, mouclade, tourron (nougat tendre), Kouign amann, canelé.

Réponse : Le foie gras, le magret de canard, le cassoulet, le canelé.

À FAIRE

- **Les journées du chocolat** à Bayonne, chaque année au printemps. Office du Tourisme. Tél. : 0820 42 64 64.
- **Musée du Chocolat** - Bayonne Tél. : 05 59 55 00 15. www.atelierduchocolat.fr.

LE SAIS-TU ?

Le chocolat se fabrique depuis 5 siècles à Bayonne, port dans lequel s'installèrent les spécialistes de la transformation des fèves de cacao en confiserie. La ville reste aujourd'hui encore réputée pour la qualité de ses chocolatiers.

Surfer sur les vagues

Les vagues déferlent sur la plage… envie de te jeter à l'eau ?

Prendre la vague

Pour débuter, tu commenceras avec un « morey » ou « body-board » et des vagues raisonnables ! Le plus fatiguant est peut-être de lutter contre le courant et les vagues pour ne pas se faire emporter au large en nageant sur la planche. Ensuite, il faut attendre le bon moment pour se positionner dans le sens du courant et se laisser embarquer par la vague pour quelques minutes de glisse !

Comment chevaucher la vague

Tu commenceras par la position allongée, plus facile. Ensuite, tu pourras mettre un genou sur la planche… et puis quand tu seras plus assuré, te relever et rester debout ! Au début, tu auras peut-être un moment d'appréhension… C'est normal !

Le langage des riders

Les Américains et les Australiens ont pratiqué le surf dès le début du 20e siècle, mais ce n'est que vers 1950 que ce sport est apparu en France. Pas étonnant, donc, que les riders (ceux qui chevauchent la vague) emploient des expressions anglaises pour

parler de cette discipline. Si on te demande si tu es « regular » ou « goofy », il faut comprendre gaucher (jambe gauche en avant sur la planche) et droitier !

Les spots

Hossegor, Seignosse, Mimizan, Biscarosse, Lacanau, Biarritz... pour les surfeurs, ces noms évoquent des « spots », c'est-à-dire des endroits privilégiés pour surfer sur de belles vagues. De la plage, tu pourras observer les pros en attendant de devenir champion à ton tour !

Jouer avec les vagues et le vent

Les sports de glisse se sont diversifiés : si la glisse dans un tube (au creux d'un rouleau) est toujours une prouesse spectaculaire, cette discipline rivalise aujourd'hui avec le kite-surf : le surfeur est relié par son harnais non pas à une voile mais à un cerf-volant qui le propulse dans les airs !

LE SAIS-TU ?

Le surf est né à Hawaï, une île dans le Pacifique, il y a plus de 500 ans. Les longues planches permettant de jouer dans les vagues étaient fabriquées dans le bois de l'arbre à pain.

Kite-surf

À FAIRE

- De Biscarosse à Hendaye, chaque station ou presque possède son **école de bodyboard**. Dès 6-7 ans, tu pourras t'inscrire à un stage d'initiation agréé par la Fédération Française de Surf. www.surfingfrance.com.
- Pour le **kite-surf**, un sport très physique, les débutants attendront d'avoir soufflé leurs neuf bougies !
- **A Hossegor,** en août, les champions de surf du monde entier se retrouvent pour une grande compétition : un spectacle impressionnant ! Tél. : 05 58 41 90 00.

Attention à la balle !

Ballon ovale ou balle ronde, tu as le choix dans le sud-ouest ! Rugby et pelote sont des sports très populaires et... très difficiles. Prêt pour un essai ?

La pelote, le terrain et le fronton

La pelote est une balle dure, avec un noyau de gomme entouré de cordelettes de coton ou de laine, recouvert de cuir. Au début du jeu, la pelote est froide et lente... puis, en s'échauffant, elle devient plus rapide ! Le terrain, long et étroit, est délimité par un rectangle blanc au sol. A l'extrémité du terrain, le fronton possède une tige métallique, à un mètre du sol, au-dessus de laquelle la balle doit frapper le mur.

Comment renvoyer la pelote ?

Les très grands joueurs le font à main nue. Sinon, le jeu se pratique avec un gant de cuir, ou à l'aide d'une raquette en bois (la pala), ou encore avec un gant en osier tressé (la chistera). Le jeu de la pelote est un sport d'équipe. Deux joueurs ou deux équipes s'affrontent et doivent se renvoyer une balle en la propulsant contre le mur. La balle ne peut rebondir qu'une fois au sol avant qu'un joueur ne la relance.

LE SAIS-TU ?

A l'origine, la pelote était en pierre ou en marbre, recouverte de cuir, mais au 19e siècle, on abandonna ce projectile trop dangereux ; la chistera était, elle, un panier d'osier qui servait à la cueillette des raisins.

Le rugby, une invention anglaise

En 1823, l'élève William Webb Ellis, du collège anglais de la ville de Rugby, ramasse le ballon pendant un match de football et court avec : ce qui est une faute au football se transforme en un nouveau sport !
Pour rendre hommage à son inventeur, le trophée qui récompense aujourd'hui la meilleure équipe lors de la coupe du monde est la coupe « Webb Ellis ».
Le ballon ovale traverse la Manche à la fin du 19e siècle et atterrit dans le sud-ouest où il trouve en France ses plus grands passionnés.

LE SAIS-TU ? Le jeu dure 80 mn (2 mi-temps de 40 mn) - largement suffisant pour épuiser même les plus costauds !

A chaque ville ses couleurs !

Le dimanche, les rencontres sont un peu comme les tournois du Moyen Âge. Si on est de Béziers, on est contre Narbonne ! Dax est contre Mont-de-Marsan, Biarritz contre Bayonne... etc. Dans les tribunes, on entend les supporters qui scandent : « Aupa, Aupa BO ! » pour soutenir le Biarritz Olympique ou « US Dax, Avec toi ! » pour encourager le club landais.

À LIRE

- **La pelote basque : technique, compétition, règles, pratique** de Pierre Philippe, aux éditions *Milan*.
- **Le rugby raconté aux enfants** de Richard Escot, aux éditions de *La Martinière* : tu sauras tout pour mieux apprécier un match !

À FAIRE

- Assiste à **un match de pelote,** à l'ambiance inoubliable ! Fédération française de pelote basque - Tél. : 05 59 59 22 34. www.ffpb.net.

TES JEUX ET ACTIVITÉS

Chouette, on part !

Tu es à peine monté dans la voiture que tu t'ennuies déjà ? Tu demandes « quand est-ce qu'on arrive » à tes parents, alors que le train n'a pas encore démarré ? Si tu t'es reconnu, alors cette page est pour toi !

5 SUPER IDÉES POUR S'OCCUPER DANS LA VOITURE

1. **Jeu musical :** Il faut fredonner une chanson et le premier qui la reconnaît a le droit de la chanter… puis d'en faire deviner une à son tour !

2. **Jeu d'observation :** On définit chacun son tour les règles du jeu. Par exemple, trouver la première voiture dont l'immatriculation commence par 5, ou encore compter 10 panneaux indiquant « 110 » de limitation…

3. **Jeu de charades :** Chacun donne une contrainte à son voisin qui doit inventer une charade. Par exemple, une charade dont la réponse soit un nom d'animal. Ou encore, un indice qui soit le nom d'une lettre de l'alphabet…

4. **Jeu de loto :** Prendre des feuilles et stylos avec soi, puis déterminer des choses à trouver sur le parcours : une moto, un train, un camion, une poule, un embouteillage… ! En faire une grille de loto, puis c'est parti : le premier qui a tout trouvé a gagné !

5. **Jeu de mots :** Quelqu'un démarre une phrase, continuée par chacun dans la voiture. L'histoire doit durer le plus longtemps possible et tout le monde doit participer.

5 SUPER IDÉES POUR S'OCCUPER DANS LE TRAIN

❶ Jeu d'équilibre : Traverse la rame sans jamais t'appuyer sur quelque chose, en gardant bien l'équilibre.

❷ Jeu de vision : Regarde par la vitre. Le premier qui voit une vache a gagné. Ou un mouton, ou un cheval. Ou encore la neige si on est en hiver !

❸ Jeu d'artiste : Observe autour de toi et fais un dessin, en y mettant toutes les choses qui t'ont marquées, vues à l'extérieur ou à l'intérieur du wagon : animaux, voitures, sandwich, bébé qui pleure...

❹ Jeu d'imagination : Imagine la vie d'une des personnes dans le wagon que tu vois de ta place. Invente son caractère, ses goûts, son prénom, où elle va et pourquoi...

❺ Jeu de cinéma : Fais un reportage. Emprunte l'appareil photo ou la caméra de tes parents, filme autour de toi. Ecris tes impressions comme un reporter aventurier. Tu peux même essayer d'interviewer la vieille dame du wagon, en lui demandant gentiment...

5 SUPER IDÉES POUR S'OCCUPER DANS L'AVION

❶ Jeu de nuages : Si tu as la chance d'être près du hublot, scrute le ciel et compte le nombre de fois où l'avion traverse les nuages.

❷ Jeu de grimaces : Fais de la gymnastique du visage, quand l'avion descend avant l'atterrissage. Parmi les exercices, fais « X » puis « O » avec la bouche, puis avale ta salive trois fois de suite. Une bonne façon de ne pas avoir mal aux oreilles !

❸ Jeu de sage comme une image : Joue à l'enfant modèle. Parle doucement, lis sagement, ramasse les miettes, amène ton petit frère aux toilettes... tu seras forcément récompensé à l'arrivée !

❹ Jeu du sommeil : Si tu es sur un vol « long courrier », profite simplement des films et de la musique et... essaye de dormir !

❺ Jeu du ni oui ni non : Décide de ne jamais dire « oui » ou « non » pendant tout le vol, mais d'utiliser d'autres façons pour parler avec tes parents...

Les Migrateurs

Pour placer tous ces noms d'oiseaux dans la grille, aide-toi de leur nombre de lettres et des croisements.

oie
tohi
eider
merle
pipit
busard
coucou
pinson
albatros
alouette
milan noir
hirondelle
colibri roux
cigogne blanche
pigeon voyageur
avocette élégante

Pays-Basque

Pour comprendre cette scène, redonne à chaque personnage la bulle qui lui correspond.

Les échasses

Pour comprendre ce que disent ces échassiers, décode ce rébus.

Kite - Surf

Il y a du vent aujourd'hui ! Tu peux en profiter pour observer ces deux personnages et trouver leurs 7 différences.

Les pins

Aide ce personnage à rejoindre la plage en traversant la forêt de pins.
Attention il ne faut surtout pas passer sur les chenilles processionnaires !!!

Sur la dune

Pour connaître le nom de chaque personnage, suis ces indications : Udalaitz est plus grand que Bixente. Marie est entre Brice qu'elle regarde et Bixente. Alaïa est à côté du plus grand. Qui est qui ?

Le raisin

Avant de presser cette grappe de raisin pour en boire le jus, trouve la valeur de chaque grain. Deux grains côte à côte additionnés donnent le résultat du grain juste au-dessus.

La feria

Ouvre bien tes yeux car au milieu de cette féria, il y a 7 piments rouges à retrouver. Dépêche-toi avant qu'ils ne soient écrasés par la foule !

Solutions

LES MIGRATEURS : 1 : cigogne blanche. 2 : albatros. 3 : hirondelle. 4 : oie. 5 : coucou. 6 : pinson. 7 : pigeon voyageur. 8 : eider. 9 : merle. 10 : colibri roux. 11 : pipit. 12 : tohi. 13 : milan noir. 14 : avocette élégante. 15 : alouette. 16 : busard. • **PAYS BASQUE** : A-2, B-5, C-4, D-3, E-1. • **LES ECHASSES** : Il est plus haut que nous, mais il ne vole pas ! (île – haie – plus – eau – queue – N'houx – mai – île – nœud – veau – L'œufs – pas). • **KITE SURF** : De haut en bas : la voile, le nuage, une goutte d'eau, la combinaison, la planche, une vague, le phare. • **SUR LA DUNE :** Udalaitz, Alaïa, Brice, Marie, Bixente. • **LE RAISIN :** De haut en bas : 44 – 20 – 24 – 9 – 11 –13 – 4 – 5 – 6 – 7 – 1 – 3 – 2 – 4 - 3.

Cerf-volant au gré des vents

Voilà plus de 3000 ans que les hommes jouent à faire voler des cerfs-volants, les yeux fixés au ciel ! Mais attention, le vent pardonne rarement les erreurs de pilotage !

Du monofil aux deux fils

Le cerf-volant est né en Chine voilà 3000 ans. Dans les années 1970, un Anglais lance un cerf-volant en forme de losange à deux fils : le cerf-volant pilotable est né !

ASTUCE ! Pour t'initier en toute tranquillité, préfère les heures où la plage est déserte ou presque, tôt le matin ou en fin d'après-midi.

Les dirigeables

Par des tractions sur l'un ou l'autre des deux fils, tu feras varier l'inclinaison de la toile par rapport au vent et tu pourras diriger ton cerf-volant. En tirant sur la corde à droite, l'engin vrille à droite, en tirant sur la gauche, il vrille à gauche. En maintenant la traction, il tourne sur lui-même. Démarre toujours dos au vent et face au cerf-volant. Soulève-le en tirant d'un coup sec ou en te faisant aider. Ensuite, laisse le cerf-volant se stabiliser dans le ciel puis tire à droite et à gauche pour voir comment il réagit.

Réglages

Si le cerf-volant ne monte pas facilement, raccourcis la bride entre l'anneau et la tête du cerf-volant. Si son vol est saccadé, fais l'inverse. S'il tire trop d'un côté, ajuste les brides qui doivent être exactement de même longueur.

Le parafoil

Cette invention révolutionnaire est née en 1967 : son profil est en aile d'avion mais sans armature ! Ce sont ses nombreuses dérives ventrales (ou compartiments) qui assurent son vol.

À LIRE

- **Le combat des cerfs-volants**, de Olivier Melano, *Ecole des Loisirs* : Au Népal, Nal rêve de battre Chakku et doit créer le meilleur cerf-volant pour le combat aérien.

À FAIRE

- **Le Festival des cerfs-volants** de Moliets-et-Maâ en juin. Tél. : 05 58 48 56 58.
- Si tu t'intéresses aux machines volantes, découvre l'**histoire de l'Aérospatiale et les hydravions Latécoère** qui traversaient l'Atlantique dès le début des années 1930. Tu verras plusieurs de ces « paquebots des mers » restaurés, des uniformes de pilote, des livres de bord et de nombreux souvenirs. Musée de l'Hydraviation - Biscarosse Tél. : 05 58 78 00 65.

Sur la plage, n'oublie pas que les vacanciers n'ont aucune envie d'assister à l'atterrissage forcé de ton cerf-volant sur leur serviette, ou de se prendre les cordes dans les jambes, ce qui peut faire très mal !

Macarons au chocolat

Tu vas pouvoir épater (et régaler !) tes parents. Les macarons sont une spécialité de Saint-Jean-de Luz. Ceux-ci sont parfumés au chocolat. Parce que c'est très bon, et aussi parce que le chocolat est arrivé en France par bateau, dans le port de Bayonne au 16e siècle ! À tes casseroles, graine de pâtissier !

Il te faut,

pour 20 macarons environ :

- 60 g de chocolat noir
- 125 g de poudre d'amandes
- 180 g de sucre glace
- 2 blancs d'œufs

Pour la ganache (la crème à l'intérieur) :

- 10 cl de crème fraîche
- 50 g de chocolat noir

ATTENTION !

Comme tu le sais le four, les plaques de cuisson, les ustensiles coupants sont à manier avec prudence. Fais-toi aider d'un adulte à chaque fois que tu n'es pas sûr de toi.

RECETTES

Les Canelés

Mous et tendres à l'intérieur, croustillants et caramélisés à l'extérieur, leur nom provient des petit moules en forme de cylindre, striés de cannelures, qui servent à les cuire.
Ils sont originaires de Bordeaux.

Demande la recette à tes parents !

PLUS DE recettes du Sud-Ouest !
www.grainesdevoyageurs.com

Préparation des macarons

Le chocolat → Fais fondre le chocolat avec 1 cuillère à soupe d'eau dans une casserole sur feu doux ou une minute au micro-ondes.

La poudre d' amandes
Le sucre glace
Les oeufs
→ Mélange la poudre d'amandes et le sucre glace dans un récipient, puis ajoute les blancs d'œufs non battus et le chocolat fondu. Mélange bien la pâte.

La pâte à macarons → Sur une plaque recouverte de papier sulfurisé, ou de papier d'aluminium, dispose des petites boules de pâte, bien espacées les unes des autres.

La cuisson → Fais cuire pendant 10 minutes au four (thermostat 6 ou 180°C), puis augmente la température (Th 7 ou 210°C) pour encore 5 mn de cuisson. Sors la plaque du four (avec l'aide d'un adulte) et laisse refroidir les macarons avant de les décoller du papier.

Préparation de la ganache

La crème et le chocolat → Réchauffe la crème dans une casserole jusqu'à ébullition puis ajoute le chocolat coupé en morceaux et mélange bien.

Ça fouette ! → Retire la casserole du feu et continue de fouetter le mélange jusqu'à ce qu'il refroidisse.

L'assemblage

Colle les macarons deux par deux avec une noix de ganache.

tableau en sable coloré

Lave le sable à l'eau douce et tamise-le pour éliminer les impuretés.

Colore-le en le mélangeant à de la peinture légèrement diluée. Laisse bien sécher. Tu peux aussi le mélanger à de la craie écrasée.

Dessine ton motif sur la feuille de papier. Applique soigneusement une fine couche de colle sur une zone, saupoudre-la de sable, puis tapote doucement la feuille pour éliminer le surplus. Laisse sécher, puis procède de la même façon pour la zone suivante. Commence toujours par les plus petits détails. N'hésite pas à mélanger deux couleurs de sable pour réaliser des dégradés.

Matériel

- Sable
- Feuille de papier cartonné
- Craies de couleur ou peinture
- Colle

ASTUCE ! Tu peux encadrer tes tableaux ou les utiliser comme cartes postales. Ecris ton texte au dos et expédie-les sous enveloppe.

Cadre photos décoré de coquillages

Fabrique ton cadre en découpant deux rectangles de carton identiques.

Evide la partie centrale de l'un des rectangles, en conservant seulement une bande de 3 cm de large tout le tour.
Colle ensemble les deux morceaux de carton sur 3 côtés.
Peins ce cadre ou recouvre-le de papier coloré.
Tu peux, si tu le souhaites, peindre les coquillages en utilisant de la gouache légèrement diluée pour conserver, malgré la mise en couleur, les détails et les différences de ton. Colle-les ensuite un à un sur le cadre et laisse sécher plusieurs heures à plat.
Glisse enfin une photo entre les deux épaisseurs de carton.

Matériel
- Carton
- Peinture ou papier coloré
- Coquillages
- Colle universelle

Si tu souhaites obtenir un effet très dense, applique la colle sur le cadre et saupoudre-le de petits coquillages.

Mangeoire à oiseaux

Découpe le carton de lait à mi-hauteur et conserve la partie supérieure.

Enlève le bouchon et l'opercule, découpe une porte d'environ 5x7 cm. Dans le carton, coupe une pièce de 16x18 cm pour le socle et une de 12x18 cm pour le toit.

Peins l'ensemble dans une teinte proche de celle des branchettes que tu comptes utiliser. Colle ensuite les branchettes une à une sur le socle, le toit et les 4 faces du carton de lait.

Replie le toit et colle-le au sommet de la mangeoire. Colle la base de la mangeoire sur le socle.

ASTUCE !

Tu peux aussi décorer le toit avec de la paille ou des « tuiles » en pomme de pin.

Matériel

- Un carton de lait de 2 litres
- Carton
- Peinture
- Brindilles et branchettes
- Colle

Photophores marins

Crée un pochoir en dessinant un poisson sur la feuille de papier blanc. Evide l'intérieur.

Applique ce pochoir contre le verre et étale une fine couche de colle sur la partie évidée.

Enlève le pochoir. Saupoudre le verre de sable, de petits morceaux de coquilles de moules écrasées, de pétales de fleurs... Tu peux aussi décorer préalablement le verre avec une bande de papier calque ou de papier de soie, et créer ton décor sur ce papier.

Place ensuite une bougie chauffe-plat dans le verre : ton photophore est prêt.

Tu peux aussi découper des poissons et autres motifs marins dans du papier coloré et les coller sur le verre.

Matériel
- Un verre
- Papier blanc
- Sable, coquillages
- Colle
- Papier calque ou papier de soie (facultatif)
- Papier coloré (facultatif)

Cerf-volant

Trace une ligne dans le sens de la longueur sur la feuille de papier kraft.

Replie le long de cette ligne les deux côtés supérieurs, puis les deux côtés inférieurs, qui doivent se chevaucher. Coupe les 4 replis à environ 1 cm des pliures. Fais passer une ficelle à l'intérieur des 4 replis et colle-les.

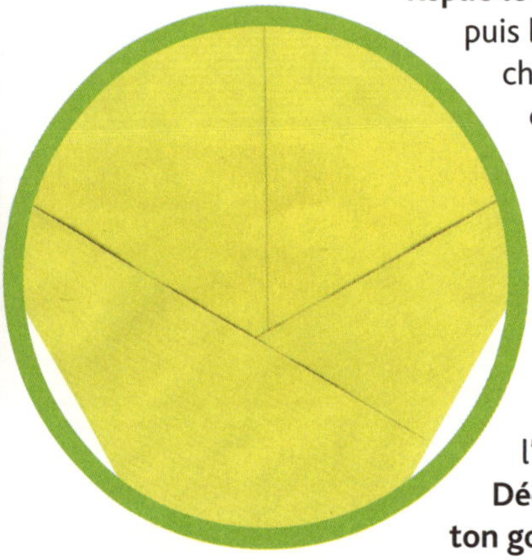

Noue les deux brins de la ficelle à la base de la membrure.

Assure-toi que cette ficelle reste mobile, car c'est elle qui te permettra d'assurer la rigidité de l'aile.

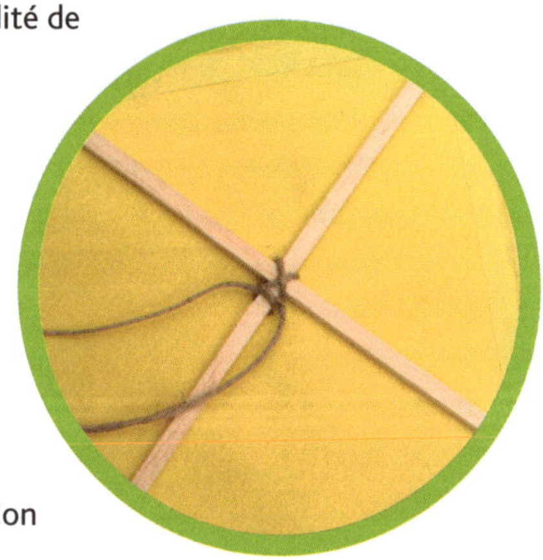

Décore selon ton goût la face supérieure de la membrure. Tu peux utiliser de la peinture, des feutres ou des gommettes.

Colle perpendiculairement deux baguettes de balsa sur la face inférieure de la membrure. Tu peux évider partiellement l'une des deux baguettes pour faciliter le chevauchement.

Noue une très longue ficelle à l'intersection des deux baguettes.

Fabrique la queue du cerf-volant.

Tu peux découper et décorer des lanières de papier crépon ou de papier coloré.

Fixe ensuite cette queue à la base de la membrure et attends un jour de vent pour essayer ton œuvre.

Bon vol !

Tu peux fabriquer deux queues de longueurs différentes. Selon la force du vent, tu utiliseras l'une, l'autre, ou les deux si tu sens la nécessité d'alourdir le cerf-volant.

Matériel

- Une feuille de papier kraft mesurant au moins 30x40 cm,
- Papier crépon ou papier coloré
- 2 branchettes ou 2 baguettes de balsa
- Peinture, feutres ou gommettes
- Colle ou ruban adhésif
- Ficelle

Ces pages sont entièrement à toi.
Tu peux y écrire tous tes souvenirs de vacances !
Tu peux aussi dessiner, coller des photos,
des cartes, des tickets d'entrée de visites, etc.

TON CARNET DE VOYAGE

Le trajet

Comment es-tu parti(e) en vacances ? Avec qui ?

Qu'as-tu vu sur le trajet ? S'est-il passé des choses particulières ?

A quoi te font penser tes vacances ?

Dessine tes souvenirs !

Sur place

- Quel temps a-t-il fait pendant tes vacances ?

- As-tu fait du sport ? Vélo, bateau, rollers, cheval, course à pied... ?

- Es-tu allé(e) te baigner ?

Fais ce que tu veux,
cette page est à toi !

Première fois

As-tu fait quelque chose pour la 1re fois pendant ces vacances ?

As-tu mangé un plat que tu ne connaissais pas ?
Ou que tu aimes particulièrement ?

Quels animaux et/ou plantes as-tu découverts ?

A quoi te font penser tes vacances ?

Dessine tes souvenirs !

La région

Qu'as-tu visité ?

Qu'est-ce qui t'a le plus surpris ? Le plus épaté ?

As-tu appris des mots nouveaux ? Des expressions de la région ?

Les nouveaux amis

T'es-tu fait de nouveaux amis ? Qui, où, comment ?

Ton agenda à toi !

Tél :

Nom :

adresse :

Tél :

Nom :

adresse :

Tél :

Nom :

adresse :

Colle la photo de tes amis, ou fais-les participer à ton carnet de voyage et demande-leur de t'écrire un mot ici !

La tête des copains, c'est ici !

Le mot des copains, c'est là !

Les meilleurs souvenirs

Quels sont les 5 meilleurs souvenirs de ton voyage ?

Et pourquoi ?

1

2

3

4

5

Fais ce que tu veux,
cette page est à toi !

Les pires souvenirs

Quel est ton pire souvenir de ces vacances ?
La chose dont tu ne veux surtout pas entendre parler ?

Raconte le retour à la maison, une fois les vacances terminées...

Jour à Jour
Carnet de bord

Note ici tes aventures, pour ne pas les oublier !

samedi

dimanche

lundi

mardi

Si tu as fait des bêtises, raconte...
après tout, c'est ton carnet !

mercredi

jeudi

Si pendant tes vacances, tu as eu une super idée, note-la vite avant de l'oublier !

vendredi

samedi

dimanche

Idées

- **Ramasse un peu de sable sur la plage.** Mets de la colle en tube sur la page. Saupoudre le sable – il se collera tout seul sur la page et fera un beau dessin ! Tu peux aussi coller des feuilles, des fleurs...

Ici tu peux faire un dessin de ton plus beau château de sable, ou de la cabane que tu t'es construite, ou encore de quelque chose avec lequel tu as beaucoup joué pendant tes vacances...

Dessine tes souvenirs !

Collages

Colle ici tes tickets d'entrée de musées, parcs, cinémas... ou tes cartes de restaurant !

Mets des notes aux endroits que tu as visités !

ticket de musée

carte de restaurant

ticket de visite

Tes meilleures Photos

Colle ici tes photos préférées...

Tu peux coller la photo...
et dessiner à côté ce
que l'on ne voit pas !

Graine d'écovoyageur

En vacances aussi, il y a des gestes meilleurs que d'autres pour protéger notre planète ! Des choses toutes simples pour préserver la mer, la terre, les plantes, les animaux et nous tous, finalement !

Sur la plage

Ne laisse rien derrière toi en partant. Bouteilles vides, cannettes, déchets alimentaires, emballages, mets tout dans un sac que tu jetteras dans une poubelle en partant.

En mer

Quand tu nages dans la mer, admire les poissons avec un masque et des palmes, mais **fais attention à ne pas racler les rochers avec tes palmes** – tu pourrais endommager la flore aquatique, très fragile.

En promenade

En été, fais attention aux incendies que tu pourrais provoquer par inadvertance. **Si tu fais un pique-nique, évite de faire un feu.** Préfère les sandwiches et les salades !

Respecte bien les consignes de la région. En Provence par exemple, l'été il est interdit de faire du feu, et certains chemins de promenade sont également interdits à cause des risques d'incendie.

Prends garde aux plantes et aux fleurs : tu peux bien sûr les observer de près, mais sans les abîmer ! N'arrache pas de branches, et veille à ne pas déplacer les pierres. Tu pourrais déranger les insectes qui ont élu domicile dessous !

En visite

Ne touche pas les œuvres présentées dans les musées. Observe-les avec les yeux seulement !

Lorsque tu observes des animaux, fais attention à ne pas les déranger. N'essaye pas de les toucher, ni de leur donner à manger. Ils se débrouillent très bien tout seuls et pourraient être perturbés par l'intervention humaine dans leur quotidien.

En ville

Fais marcher tes pieds... et profites-en pour lever la tête ! C'est fou le point de vue différent que l'on peut avoir sur la ville, au rythme des pas, et le nez en l'air !

Et toujours, que tu sois en vacances ou à la maison : trie tes déchets (poubelle jaune pour les emballages et papiers, poubelle verte pour le verre).

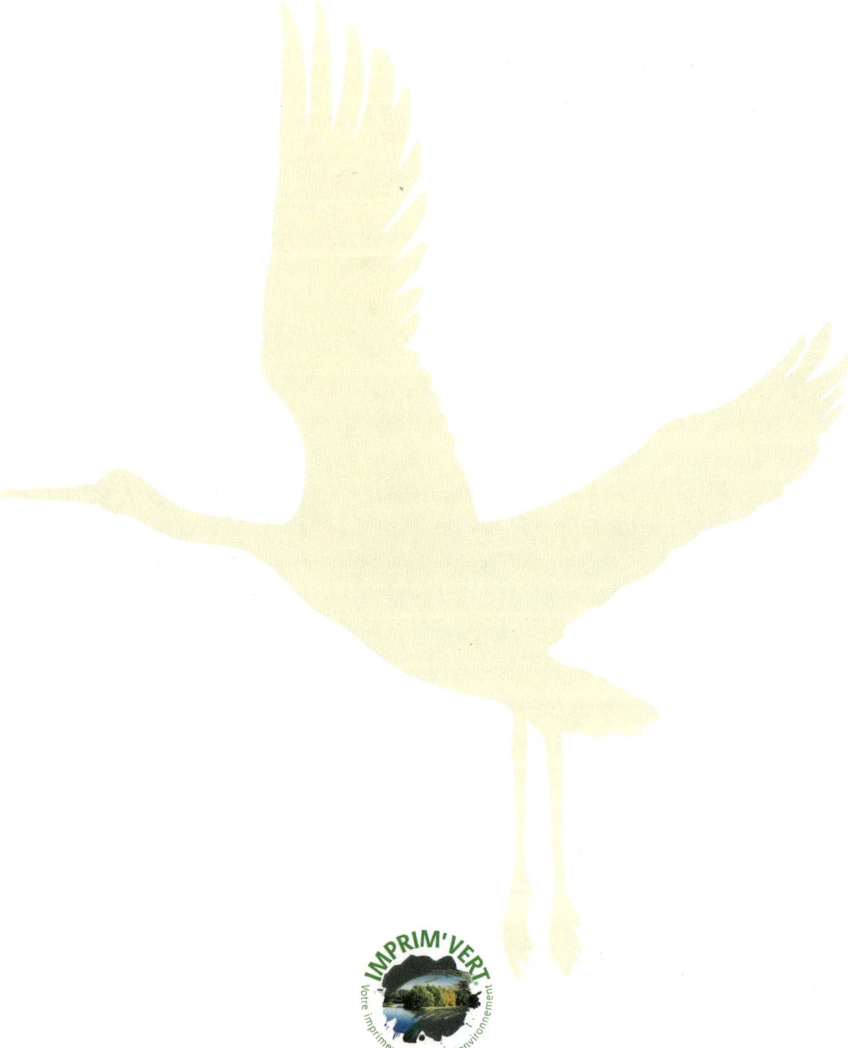

Achevé d'imprimer en mars 2008
par l'imprimerie EMD
Dépôt légal : mars 2008
N° d'imprimeur : 18963
Imprimé en France